Марина Симанович

Без шапки, на мороз!

стихи

Бостон • **2017** • Boston

Марина Симанович *Без шапки, на мороз!*

Copyright © 2017 by Marina Simanovich

ISBN 978-0-998518800
Library of Congress Control Number: 2017912855

Cover Design by Natali Cohen © 2017
Author Photograph by Roman Belenkiy © 2017

Printed in the United States of America

Автор выражает глубокую благодарность за помощь в работе над книгой Роману Беленькому, Асе Векслер и Ольге Инглис

* * *

Было время — я верила в сказки.
Я не знала ни страха, ни слёз.
Я хватала ключи и салазки
И — без шапки, зимой, на мороз.

Чудо с вечера залитых горок,
И огонь — и в душе, и в глазах.
Каждый миг был прекрасен и дорог.
В каждом жесте был пыл и размах.

Что мне насморк, и что мне ангина!
Что пропущенный в школе урок!
И я мчалась, а снег, как перина,
Обнимал и летел из-под ног.

Но, как сказано в правиле строгом,
Всё когда-то пройдет... И теперь
Сын и дочка с таким же восторгом
Открывают на улицу дверь.

Я кричу им вдогонку: «А шапку?!»
Но они, не расслышав вопрос,
Только санки хватают в охапку
И — без шапок, зимой, на мороз...

* * *

И важного, и просто барахла
Так много в жизни, а меня так мало —
Той девочки, которой я была,
Той женщины, которою я стала.

Я надеваю туфли и костюм —
С утра мной правят биржевые сводки,
А после дома ждёт весёлый шум:
Купанье, ужин, книжки, куклы, лодки.

Я — деловая женщина и мать;
Мне по ночам под тёплым одеялом
Бессонница не позволяет спать:
Забот так много, а меня так мало.

Мне хочется весь день писать стихи,
Гонять, не тормозя на поворотах,
Оспаривать могущество стихий
В полярных и тропических широтах,

И чтоб мужской красноречивый взгляд
Меня пронзал, чтоб сердце трепетало.
Мне хочется всё сразу, всё подряд —
Соблазнов много, а меня так мало.

Бывало, что нежданный, злой недуг
Сражал мне дорогого человека,
И за спиной злословил верный друг,
И я была бессильна, как калека.

Но, как бы трудно ни было порой,
Я голову из пепла поднимала,
Хоть не всегда выигрывала бой.
Страданий много, а меня так мало.

Мой сын резвится, к нам пришли друзья,
С сестрой смеялись весело вчера мы,
И дочка черноглазая моя
Уже вот-вот сказать сумеет «мама».

Я разжигаю в сумерках камин
И лью вино в гранёные бокалы;
Со мной мой муж — мой раб и господин...
Любви так много, а меня так мало.

Но я приму все грани бытия,
Пока такие люди есть на свете,
Которым даже маленькая я
Дороже всех сокровищ на планете.

Младенец выпал из гнезда
И не сумел взлететь,
А как позвать родных, когда
Не можешь звонко петь?

Весь мокрый, пёрышки в песке,
И слаб, и невелик,
Он зябко ёжился в руке,
Как немощный старик.

В ладонях грея воробья,
«Ему не повезло, —
Сказала тихо сёстрам я. —
Он перебил крыло!»

Мы принесли ему воды,
Соломы и пшена.
А утром — верный знак беды:
В корзине тишина.

Пока мы спали без забот,
Не пропищав «прощай»,
Он устремился от невзгод
В далёкий птичий рай.

Его могилки не сыскать,
Нет камешка на ней.
В ту пору было мне лет пять,
Ему — лишь пара дней.

* * *

Годы проходят мимо.
Их удержать нет средства.
Запах смолы и дыма
Напоминает детство:

Песен знакомых звуки,
Хлопоты юной мамы,
Слёзы любви и муки,
Все синяки и шрамы.

Помнишь, тобой любима,
Я по росе бежала,
Запах смолы и дыма
Судорожно вдыхала?

Ты заливался краской
И обнимал за плечи.
Жизнь представлялась сказкой.
Счастье казалось вечным.

Время неумолимо
В детство закрыло двери.
Запах смолы и дыма
Душу надеждой греет.

Запах смолы и дыма.
Розовый свет заката.
Годы проходят мимо.
К прошлому нет возврата.

Одноклассник

Короткая, ёжиком, стрижка.
Красивый, насмешливый рот.
Ты, видно, всё тот же мальчишка,
Не знающий сна и забот.

В тебе дремлет юная сила.
Ты дерзок и твёрд, как скала.
Когда я тебя полюбила,
Я тоже такою была.

Шли годы. Теперь всё иначе,
И девочки той больше нет.
Я старше тебя, милый мальчик,
Наверно на тысячу лет.

Скажи, ну не странно ли это?
Мы живы и счастливы врозь,
Задачка сложилась с ответом,
И всё, что нам снилось, сбылось.

Тоска, что безумьем чревата,
Давно испарилась, как дым,
А всё, чем мы жили когда-то,
Мы щедро раздали другим.

Осталось лишь солнце над нами,
Да в сердце отрадная тишь,
Да письма с моими стихами,
Что ты так прилежно хранишь.

Маме

Отбросив каждодневные заботы,
Ты за рояль садишься, а потом,
Легко порхая пальцами по нотам,
Ты воздух наполняешь волшебством.

И пусть я вальс не отличу от гаммы,
Пусть мне не передался твой талант,
Известно всем: я — дочка своей мамы,
А, значит, по рожденью музыкант.

Ведь каждый раз под звуки инструмента
Я чувствую всё глубже и острей:
Немой и чёрно-белой кинолентой
Была бы жизнь без музыки твоей.

Ведь жизнь, как музыка, не терпит фальши
И состоит, как нотная тетрадь,
Из грустных песен и весёлых маршей,
Что никогда не устают звучать.

И, словно раздвигая горизонты
И очищая мир от зла и лжи,
Легко порхая пальцами по нотам,
Ты для меня озвучиваешь жизнь.

ДЕДУШКИН КОРТИК

Дедале

Дети клянчат, ворча на судьбу,
Кто — машинки, кто — сливочный тортик,
А меня привлекало табу —
Неигрушечный дедушкин кортик.

Помню, бабушка наша, мудра
И упорна в своей аксиоме,
Волновалась: «Не ждите добра —
Кто же держит оружие в доме?!»

От меня кортик прятали в шкаф,
В складки плюшевого одеяла,
Но, забыв про суровый устав,
Я его по ночам вынимала,

На ладони клала, и пока
В доме спали, не чуя подвоха,
Величавая бледность клинка
Отражала восторженность вздохов.

Разобрав по частям рукоять,
Я искала в нём карту сокровищ,
Представляла, как буду сражать
Им злодеев и страшных чудовищ,

Как когда-нибудь я разорву
Монотонные детские будни
И за поясом с ним уплыву
На пиратском двухмачтовом судне;

Как оставлю навек за спиной
Тень домов и цветочные клумбы,
Лишь меня позовут за собой
В дальний путь магелланы, колумбы,

Чтобы с ними, по братски деля
Скудный завтрак и пресную воду,
Ждать зарю на носу корабля
И вдыхать полной грудью свободу...

Время шло. Больше дедушки нет.
Я умчалась на поиск удачи.
Кортик дремлет, закутанный в плед,
И никто его больше не прячет.

В гости к бабушке я прихожу,
Не таясь, достаю его с полки,
И, как в детстве, с восторгом гляжу
На него, как на чуда осколки.

Инкрустированный, наградной,
Символ чаши, владельцем испитой,
Он — часть жизни великой, родной,
Незапятнанной и незабытой.

Офицерская доблесть и честь
В нём живут, не тускнея с годами.
Хорошо, что они ещё есть,
Что они до сих пор ещё с нами...

Не боясь отклониться от норм,
Смело глядя в лицо ураганам,
Я плыву через жизненный шторм,
Словно дедушка мой — капитаном.

Рассказ дедушки

Дедушке Изе

Выпьем, внучка, горячего чая.
В этот день шестьдесят лет назад
Я вернулся с войны, уж не чая
Вновь увидеть родной дом и сад.

То в траншеях, то в поле некошеном
Мы бесстрашно сражались с врагом.
Пеплом, снегом, золой запорошены,
Мы шагали вперёд, напролом.

Опираясь на руку товарища,
Отдавая Отечеству долг,
Прорывался сквозь смерть и пожарища
Поредевший, израненный полк.

Не забудет никто, как в сражении
Был убит молодой командир,
Что родился в Приволжском селении
И мечтал возвратить людям мир.

Я писал с фронта письма, не ведая
Получу ли когда-то ответ.
Хлебной коркою наспех обедая,
Знал: не все завтра встретят рассвет.

Я вернулся. Я выжил. Я выстоял.
А погибшим — мой низкий поклон.
И теперь над страной небо чистое,
Вой сирен не тревожит твой сон.

Для меня до сих пор наслаждение —
Жить, не слыша свист пуль за спиной.
День Победы — второй день рождения
Для души, опалённой войной.

БАБУШКА И ВНУЧКА

Мой взгляд карий, твой взгляд синий.
Ты седа, а я юна.
Ты не любишь холод зимний.
Для меня весь год — весна.

Я капризна, бестолкова.
Ты задумчива, мудра.
Ты устала, я готова
Веселиться до утра.

Разум мой вопросы мучат.
Ты на всё найдёшь ответ.
Да, у бабушки и внучки
Общего, похоже, нет.

Правда, если, временами
О веселье позабыв,
Я сидела, дни за днями
Взгляд в учебник устремив,

Или же в борьбе упорной
Не сломилась, не сдалась —
Эта сила мне, бесспорно,
От тебя передалась.

Если королевой бала
Я сердца пленяла вмиг,
Если всё начать сначала
Я смогла, зайдя в тупик,

Если всем, что есть на свете,
С ближним поделюсь, любя —
Знаю я, что гены эти
Мне достались от тебя.

Жизнь загадочна, и всё же
Я раскрыла наш секрет:
Я, наверное, похожа
На тебя в шестнадцать лет.

ФОТОГРАФИЯ БАБУШКИ

Бабуле

Со снимка, что так много лет назад
Был сделан в скверике под Ленинградом,
Твои глаза в мои глаза глядят
Открытым, юным, чуть задорным взглядом.

Копна заколкой стянутых кудрей,
Бровей и губ изящные изломы.
О, незнакомка! Черт, твоих родней,
Не отыскать среди моих знакомых.

Чем ты была в тот миг удивлена?
Кого ждала? Чему была ты рада?
Смотрю — и чёрно-белые тона
Приобретают все оттенки радуг.

Я словно вижу: залит солнцем дом
У речки в белорусской деревушке,
И весело резвятся под окном
Младенец-брат и три сестры-подружки.

И вдруг война. Отец идёт на фронт,
А мать с детьми в открытом эшелоне
Туда, где не пылает горизонт
И свастик нет на синем небосклоне.

Потом — победа после долгих лет
Разлуки, страха, голода и боли.
Вот ты кончаешь университет,
Вот ты уже учительница в школе.

Читаешь, как письмо Дубровский нёс
Для барской дочки, что была всех краше,
А класс во власти юношеских грёз
Тебя с восторгом представляет Машей.

Вот паренёк, что провожать домой
Тебя шёл с танцев в деревенском клубе,
Одной рукой гармонь обняв, другой —
Худые плечи в слишком тесной шубе.

Вот свадьба. В белом платье на крыльце
Стоишь ты, и выходит на аллею
Молоденький вихрастый офицер,
Что разделил свою судьбу с твоею.

Потом Кронштадт, и вскоре метеор
Несёт вас в Ленинград, где дети, внуки.
А вот билет из Пулково в Нью Йорк,
Другой страны осваивать науки...

Спиной, не согнутой под грузом лет,
Улыбкой, что порой скрывает вздохи,
Ты олицетворяешь боль и свет
В былое уплывающей эпохи.

Ты сильный, мудрый, добрый человек;
Всегда, во всём — бессменно — королева.
А я — твой юный, тоненький побег
На новой ветви родового древа.

Без слов я знаю все твои мечты,
Твои тревоги чувствую душою,
Ведь всё, что в жизни испытала ты,
В какой-то мере было и со мною.

Ты для меня, как талисман от зла,
Как с детства на всю жизнь благословенье,
И, глядя в эти юные глаза,
Я бабушкой зову тебя с рожденья.

* * *

Случайно расколов на крохи
Иллюзий детских скорлупу,
Я угодила в пасть эпохи,
В её бурлящую толпу.

Потомок войн и революций,
Сорвав беспечности вуаль,
Я видела, как судьбы бьются
О грани жизни, как хрусталь;

Как сказка обрастает былью,
Лишаясь доброго конца;
Как солнце опаляет крылья
К нему взлетевшего глупца;

Как без стыда глазеют люди,
В усмешке искривляя рот,
На эпилогов и прелюдий
Причудливый круговорот,

В котором я, родных тревожа,
Не прячась от пощёчин лет,
Мечусь в попытке сбросить кожу
И мчаться, как Икар, на свет.

Дети живут, о тревогах не зная.
Им до поры неизвестно о том,
Что непременно реальность иная,
Не постучавшись, ворвётся к ним в дом.

Дети не ведают чувства потери —
Мир их иллюзий попробуй разрушь! —
С им лишь присущей наивностью веря
В неуязвимость своих тел и душ.

Детство уходит, даря на прощанье
То, что, приняв, не отдать, не стереть:
Первое в жизни разочарованье,
Первое горе и первую смерть.

Я и сама беззаботным ребёнком
Храбро парила в мечтах, как Икар,
Не понимая, что рвётся, где тонко.
Там, где больнее — туда и удар.

Детство моё распростилось со мною
Вечером зимним, когда, грусть гоня,
Дедушка мой ослабевшей рукою
Бережно обнял за плечи меня.

Я волновалась, я знала — он болен,
Есть перестал, побледнел, исхудал.
Он угасал — но своей силой воли
Мне улыбаться себя заставлял.

И лишь когда смерть пришла, как цунами
Опустошив мой мифический рай,
Я прошептала одними губами
То ли ему, то ли детству: «Прощай!»

Вот и свершилось. Вернуться нет средства
В прошлое; и может быть, мой уход
Тоже когда-нибудь чьё-нибудь детство
Так же внезапно с собой унесёт.

* * *

Я не хочу будить воспоминанья.
Я не знакома с чувством ностальгии.
К чему теперь сомненья и терзанья —
И мир другой, и люди в нём другие,

И я другая — тише и взрослее,
Ведь резвость усмиряется с годами.
Мой скорпион серебряный на шее
Чуть потускнел, блокнот набит стихами,

Горячность и порывистость движений
Сменились на степенность и терпенье.
Мне раньше не хватало достижений,
Теперь любая мелочь — достиженье.

Мне говорят: «Тебе всего лишь тридцать,
Жизнь впереди, открыты все дороги!» —
А мне порой так хочется забыться,
Чтоб, захмелев, не чувствовать тревоги.

Я знаю, тридцать — самое начало,
Основа есть, и горизонт свободен.
Ошибок было сделано немало,
Но так — увы! — заведено в природе.

Я рано поняла, в чём суть земная:
Беречь друзей, как золотые слитки.
Мир поседел, и я, преград не зная,
Скитаюсь, словно скоморох в кибитке.

Мне не знакомо чувство ностальгии —
Я, как кочевник, странствую по свету
И не стремлюсь, как многие другие,
Сменить свою кибитку на карету.

НАСЛЕДСТВО

Жребий брошен, выбор сделан: взамен
Драгоценностей сомнительных чар,
Мне достался поэтический ген —
Дальних предков неожиданный дар.

Я росла, как все, училась читать,
Ни талантом не блеща, ни лицом,
Но в какой-то миг раскрыла тетрадь —
И как будто разомкнула кольцо.

Сразу мир и шире стал, и родней,
Краски словно обрели колорит.
Если я ропщу, прижавшись к стене,
Рифма бойко за меня говорит.

Кто был мой безвестный предок-еврей,
Что когда-то, точно как я сейчас,
Пряди чёрных непокорных кудрей
Нервно пальцами откидывал с глаз

В тот момент, когда, устало склонясь
При свечах над испещрённым листом,
Он стихами устанавливал связь
Тех, кто есть, и тех, кто будет потом?

Я признаюсь честно: я — не поэт:
Слишком скуден мой словарный запас,
Потому что я с шестнадцати лет
По-английски говорю больше фраз.

Но не в силах континент изменить
Генетически заложенный курс,
Если с детства с уваженьем хранить
Святость хрупких поэтических уз.

Я свой дар не оброню на бегу,
Не заброшу, не пропью, не предам —
Как реликвию, в себе сберегу,
А потом в наследство детям отдам.

Пусть слагают на родном языке —
Всё равно, какой им будет родным,
И несут наш ген сквозь жизнь налегке,
Чтоб потом оставить детям своим.

Читая размышленья мудрецов,
Я возмущаюсь: как посмели предки
Прелестной Музе выдумать лицо
Капризной, легкомысленной кокетки?

Мне почему-то кажется порой,
Без веских оснований и причины,
Что Муза, вопреки легенде той,
Ко мне приходит в образе мужчины.

Он молод, беспокоен, полон сил,
И, не предвидя жалоб и агоний,
Свои стихи с невинным «На, вкуси!»
К его губам несу я на ладони.

А может, Муза — малое дитя?
Стихи ребёнок слушает без рвенья.
Он всё поймёт лишь много лет спустя,
Но я пишу их, словно откровенье,

Чтоб юный пленник сумрачных квартир,
Не испытавший мук души и плоти,
Узнал, как многогранен этот мир,
Чей лабиринт его потом проглотит.

А может, Муза — это жизнь? Когда
Вокруг толпа всё злей и многолюдней,
Невольно просыпается нужда
Возвыситься над мелочностью будней.

Земная оболочка и душа —
Одноимённых полюсов магниты,
Но я не в состоянье сделать шаг:
Мешает цепь, мне не сойти с орбиты.

Лишь Муза — тайный очевидец драм,
Хранительница снов и вдохновенья,
Способна бросить в сторону, как хлам,
Разрубленные меткой рифмой звенья.

Ведь на планете, где дыханье вьюг
Не так страшит, как жадность и двуличье,
Она с рожденья — мой заветный друг,
И я её приму в любом обличье.

* * *

В свои стихи, как в зеркало, гляжу —
И не в восторге от того, что вижу:
Я в них себя за так не накажу
И гордость без причины не обижу.

Не знаю, кто осудит, кто поймёт,
Кто просто посочувствует бедняге,
Одно лишь ясно: зеркало не врёт,
Когда оно — чернила на бумаге.

И, как не стоит, что ни говори,
Жить, не познав страданий и блаженства,
Так отраженью, как его не три,
Не суждено достигнуть совершенства.

* * *

Опять в душе нелётная погода,
И, кажется, бессильны чудеса.
Не то туман, и надо ждать восхода,
Не то покрыта снегом полоса.

И крылья есть, и миссия готова,
А не взлететь — немыслимый пассаж!
И ропщет, от бездействия взволнован,
Задорных рифм мой бойкий экипаж.

Их капитан — моё шальное сердце —
В который раз даёт команду: «Взлёт!»
Но, словно пленник в стане иноверцев,
Бесслёзно прозябает самолёт.

Он ждёт, когда изменится погода,
Когда, отбросив сталь земных оков,
Он заблестит на фоне небосвода
Звездой в кругу жемчужных облаков.

* * *

Пройдут года, забудутся грехи,
Обиды, и никто в столетьи новом
Ни жизнь мою, ни имя, ни стихи
Не вспомнит ни плохим, ни добрым словом.

Лишь критик, чтобы скрасить свой досуг,
Прочтёт стихи из старого блокнота.
«Кто автор этих творческих потуг?»
Воскликнет. «Вроде, ничего работа.

Ни к рифме, ни к строке претензий нет,
Все главные эмоции воспеты...
Хотя кто в наше время не поэт?
Все, как один, заделались в поэты.

Растёт бездарных гениев поток,
И ты туда же... как тебя... Марина!»
И бросит нервно скомканный листок
В заполненную мусором корзину.

Но ежели найдётся человек —
Всего один, мне больше и не надо —
Что вытрет слёзы с покрасневших век,
Пройдясь по строчкам любопытным взглядом,

И спросит: «Кто ты, автор, что решил,
Найдя в себе терпенье и отвагу,
Собрать всю грязь и чистоту души
И выплеснуть на белую бумагу?»

Тогда, всем пересудам вопреки,
Мне станет вдруг до боли в сердце ясно,
Что ни одной за жизнь свою строки
Я не произвела на свет напрасно.

Я мечтаю построить когда-нибудь дом,
Несмотря на усталость, жару и занозы,
Чтоб в нём было светло, и под каждым окном
Непременно цвели хризантемы и розы.

Я построю его для себя, и ещё
Чтобы в гости друзья приходили почаще,
Выбираясь на свет из карьерных трущоб,
Из не знающей звёзд небоскрёбовой чащи.

А потом перед домом построю крыльцо,
Чтоб под вечер тебе назначать там свиданья,
Чтоб в закатных лучах дорогое лицо
Воплощало в себе тайный смысл мирозданья,

Чтобы в чувственной и незнакомой тиши,
Выпив ягодный чай из фарфоровых чашек,
Каждой клеточкой, каждой частицей души
Наконец осязать счастье хрупкое наше.

А за домом с крыльцом пусть раскинется двор,
Чтобы дети резвились, не зная запрета,
И срывали цветы, и вдыхали простор,
Чтоб для них и для нас круглый год пело лето.

Я построю, и жизнь потечёт, не спеша.
Будет грусть далека и тревога забыта,
И польются стихи из-под карандаша,
Словно смех и веселье из двери открытой.

* * *

Я твой сон не хотела тревожить.
Над зияющей бездной скользя,
Натянув непослушные вожжи,
Я твердила: «Не надо, нельзя!»

Словно путник, что чует спросонок
На лице каплю свежей воды,
Ты проснулся — невинный ребёнок,
Распознать не сумевший беды.

Губы дрогнули в робкой улыбке,
Озарив пробуждения миг,
И смычком, потянувшимся к скрипке,
Ты ко мне, задыхаясь, приник...

Клочья сна, мотыльками порхая,
Оседали на бархат ресниц.
Цвёл апрель, и, в предчувствии мая,
Возвращались домой стаи птиц.

В горизонт упиралась аллея,
Ветер пел, нам шутливо грозя,
И уже ни о чём не жалея,
Я молила: «Не надо, нельзя!»

Я здесь, а ты — в своём, чужом миру.
У нас с тобой несхожие орбиты.
Когда-то мне казалось — я умру.
Теперь я понимаю — всё забыто.

Нас разделили не потоки лет,
Не синее бездонное пространство,
А данный навсегда другим обет,
Непрочность клятв и чувств непостоянство.

Но ты не сдайся, не уйди во тьму,
Не позабудь о том, что где-то рядом
Я существую только потому,
Что мы когда-то обменялись взглядом.

Создай меня из пёстрых верениц
Непонятых, элементарных истин,
Из стёршихся со временем границ,
Начертанных небрежным взмахом кисти,

Из скомканных в сердцах черновиков
Вовеки не нашедших адресата,
Из так и не произнесённых слов,
Что мысленно твердили мы когда-то,

Из времени, что замедляло бег,
Смеясь над плохо сыгранною ролью,
Из боли, что струилась из-под век,
Пропитывая наволочку солью.

Как мать, произведи меня на свет.
А впрочем, брось, не трать напрасно силы:
Ведь я сама пыталась много лет
Создать тебя из прошлого, мой милый.

* * *

Не требуя ни клятв, ни обещаний,
Не прячась от событий сквозняка,
Прошу судьбу — из тысячи желаний
Пусть сбудется одно наверняка:

Люби меня — беспечную, шальную,
Ранимую, не знающую сна;
Когда к игрушке, как ребёнок, льну я;
Когда танцую в комнате одна;

Наивную, не терпящую скуки;
Смеющуюся звонко, невпопад;
Когда в слезах заламываю руки,
Когда в смущеньи опускаю взгляд.

Пусть наша жизнь — реальность, а не пяльцы,
Где за стежком ложится в ряд стежок,
Пусть простираем к будущему пальцы
Мы оба с риском получить ожёг,

Пусть время не пророчит нам блаженства,
Пусть каждый стих кричит до хрипоты,
Пускай я далека от совершенства,
Как чёрт от эталона красоты —

Люби!... Хотя признаюсь в одночасье,
Укрыть не смея правду за спиной:
Любить меня — сомнительное счастье,
Наверно, как и быть любимым мной.

Ты пришёл, когда уже сбылось
Всё, о чём у жизни я просила.
Мой нежданный, запоздалый гость!
В чьих сердцах ты жил и черпал силы?

Время нам потом предъявит счёт
И заставит всё вернуть с лихвою,
А пока — тепло небритых щёк,
Пламя с терпким ароматом хвои,

Жар слегка потрескавшихся губ,
Луч надежды, что так слаб и тонок...
Позабудь, что мир суров и груб —
Он сегодня ласков, как котёнок.

Я не стану в снах искать намёк,
И не буду ни о чём жалеть я.
Ты забрёл ко мне на огонёк,
Чтобы задержаться на столетья.

* * *

Стихотворенья пишутся годами.
Им чужд обман, а суета во вред.
Прошу, мужчина, не дарите даме
Случайных рифм безрадостный букет.

Он источать не станет аромата.
Блеснёт уныло и завянет в срок,
Оставив в сердце только боль утраты
Да ворох пылких, но фальшивых строк.

Мир многогранен и непредсказуем.
Известно лишь одно наверняка:
Одна секунда перед поцелуем
Способна длиться целые века.

Так не порочьте вечность пустословьем,
Терзая душу и лишая сна.
Не лучше ль молча выпить за здоровье
И счастье той, что так порой грустна?

Ведь если вы себе признались сами,
Что не на ней сошёлся клином свет, —
Прошу, мужчина, не дарите даме
Случайных рифм безрадостный букет.

* * *

Я опять к холодам не готова,
И не в шапке, не в варежках дело.
Я умею понять с полуслова
Всё, о чём мне метель не допела.

Я морозам грядущим не рада,
И решить, что студёней, мне — мука:
То ли льдинки в тени палисада,
То ли пальцы, мне сжавшие руку.

Отпусти. Не прощаясь, исчезни.
Видишь — губы бледны от озноба.
День придёт, и от этой болезни
Мы очнёмся когда-нибудь оба.

Будет чище и крепче основа.
Возродятся и мысли, и тело...
Отчего ж я к зиме не готова?
Ах, не в шапке, не в варежках дело.

* * *

Я вызову тебя на поединок —
Неважно, что дуэль запрещена!
Жизнь или смерть — не всё ль теперь едино?
В душе — ни звука, в сердце — тишина.

На пистолетах драться или шпагах —
Мне всё равно, что хочешь выбирай!
Таких, как я, не воспевают в сагах
И не пускают в столь желанный рай.

Не по погоде холодно одета,
Я выйду в поле в предрассветный час.
Моя ль сегодня песня будет спета?
Твоя ли прозвучит в последний раз?

Безумцы! Нам бы слиться в поцелуе,
Чтоб ногти в спину, чтоб стонала плоть! —
Но шанс упущен, дни промчались всуе,
И между нами лёд не расколоть.

Уже сошлись в немой угрозе брови.
Взведён курок, осталось взять прицел...
Мы будем драться не до первой крови:
Пощады ждать — не наш с тобой удел.

Пускай в словах не будет больше фальши!
Все наши споры разрешит дуэль!..
Но тот, чей жребий — жить на свете дальше,
Простить себе не сможет выстрел в цель.

* * *

Р.Б.

Когда ты рядом, я смелее,
Я жизнь хватаю на бегу.
Мне кажется — я всё умею,
Мне верится — я всё могу.

Мне всё подвластно и покорно,
Любая ноша по плечу,
Любая трудность — иллюзорна:
Всё будет так, как я хочу.

Ведь был же проблеск в буднях эры,
Когда, привычке изменив,
Судьба расщедрилась без меры,
Меня с тобой благословив.

Р. Б.

Видя сны о просторах дорог,
Но не вправе ступить за ворота,
Я росла — неприметный цветок,
Окружённый теплом и заботой.

Но однажды настал мой черёд
Выйти из-под домашней опеки,
Чтоб отправиться в дальний поход
Может, на год, а может, навеки.

Только скрылся за дымкою порт,
Шторм взревел, гладью вод недоволен,
Разрывая на части мой плот,
Сбитый наспех из веток и брёвен.

Как мне выдержать этот содом?
Вёсел нет, компас вышел из строя,
И лишь скалы да бездна кругом,
Под ногами и над головою.

Ветер, как очумелый маньяк,
Выл, мешая безмолвной молитве:
Пусть горит, пусть не гаснет маяк,
Мой единственный друг в этой битве.

Чуть заметно мерцая вдали,
Он один может вызвать улыбку —
Неизменный предвестник земли
В мире, где всё непрочно и зыбко.

Вдруг волна и толчок — это мель!
Значит, скоро раскроются двери,
За которыми спрятана цель —
Долгожданный невидимый берег.

Оттолкнув, как ненужный предмет,
Страх и сонмы кошмарных видений,
Я ползла, задыхаясь, на свет,
Раздирая о гравий колени.

И, не веря, что вдруг обрету
Здесь приют — вечный символ скитальца —
Я простёрла вперёд, в темноту,
Ледяные дрожащие пальцы.

Но, сомненьям моим вопреки,
Вместо грозных объятий пучины
Я коснулась горячей руки
Сильного молодого мужчины.

И, вглядевшись в родные черты,
Я мгновенно забыла тревогу:
Это был не маяк, это ты
Помогал мне осилить дорогу.

Так, в награду за путь, что лежал
То по ветру, то против теченья,
Этот берег, где ты меня ждал,
Точкой стал моего назначенья.

* * *

Кем в прошлой жизни выпало мне быть?
Я спор сама с собой затею рьяно.
Мне кажется, не трудно допустить,
Что я была гасконцем д'Артаньяном.

Тая честолюбивые мечты,
Гвардейцев ловко оставляя с носом,
Я фехтовала и была на «ты»
С Атосом, Арамисом и Портосом.

А может быть, мне имя — Жанна Д'Арк,
И птица я высокого полёта.
Я с детства знала — у меня есть дар
Освободить свою страну от гнёта.

Но, всеми почитаема вчера,
Бессильна перед властью инквизиций,
Я растворилась в пламени костра,
Чтоб вновь в двадцатом веке возродиться.

А, может быть, я всё-таки была
Не девой, недоступной и суровой,
А весело порхала на балах
Бессовестной кокеткой Казановой.

В глубоком декольте вздымалась грудь,
Глаза сияли томно из-под маски,
Одним неся отчаянье и грусть,
Другим даря изысканные ласки.

А может быть, я Дракулой была —
Недремлющей хозяйкой подземелий,
И кровь невинных юношей пила,
Их усыпив сперва в своей постели.

Навек пленяли жертву в темноте
Припухлых губ бескровные рубины,
И не было в той адской красоте
Ни капельки от скромницы Марины.

А может, приключения любя
И зов свободы ощущая остро,
Я в прошлой жизни сделала себя
Великой самозванкой Калиостро.

Нося плащ мага с синим колпакам
И пёструю цыганскую одежду,
Полу-наукой, полу-колдовством
Я возвращала страждущим надежду.

А может, Анжеликой де Пейрак —
Не выдуманной, а вполне реальной —
Я родилась. Мне навязали брак,
Что вскоре стал историей печальной.

Мне сам король твердил — я рождена
Для славы — но интриги, голод, стужу —
Я всё терпела и была верна
Казнённому завистниками мужу.

Теперь от той, кем выпало мне быть,
Хранится только горсточка останков:
Неутолимое стремленье жить,
Горящий взгляд, да гордая осанка.

Гладиатор

Под южным солнцем млея, люди ждут,
Когда объявит наконец оратор,
Что на арене — тот, кого зовут
С презреньем и восторгом: гладиатор.

Я вышла, усмиряя в сердце бунт.
Я бой приму, недолгий и кровавый,
В котором под зловещий гвалт трибун
Тот, кто слабей, не избежит расправы.

Вот мой противник. Видно, он бы мог,
Не дрогнув, умертвить родного брата —
Суров, могуч и с головы до ног
Закован в металлические латы.

Постойте, где же правда? Где закон?
Отдайте щит! Верните мне забрало!
Но всё напрасно: равнодушный гонг
Протяжным стоном возвестил начало.

Я думала, что в прошлом времена,
Когда лишь для азарта и потехи
Велась на сцене братская война
И билась сталь о медные доспехи,

И я не верю, что судьба слепа,
Что час мой близок — то молва злословит!
Но боль в руке — и хищная толпа
Беснуется от первой капли крови.

Я падаю и вижу в тот же миг,
Как, призывая растерзать добычу,
Трибуны издают победный крик,
И пальцы беспощадно в землю тычут.

И, глядя снизу вверх на алчность лиц,
Я, ужаснувшись, понимаю точно,
Что угодила в логово убийц,
Где приговор был вынесен заочно.

Вот мой палач, стремительный, как смерч.
С гримасой торжества и знаньем дела
Он хладнокровно поднимает меч
Над неподвижно распростёртым телом.

Но я не труп! Я делаю рывок —
Откуда сила вдруг взялась, не знаю —
И со всего размаха в левый бок
По рукоять ему кинжал вонзаю.

Враг пал, к моим ногам отбросив шлем.
Я победила. Впереди свобода.
Я буду жить назло судьбе и тем,
Кто не желал подобного исхода.

Джульетта

В объятьях мерно дышащих растений
Притихнет ночь, как утомлённый зверь.
На стены лягут, изогнувшись, тени.
Негромко скрипнет, отворяясь, дверь.

Скользну по плитам кружевом подола.
Как будто в такт мерцающим свечам,
Качнутся кудри, тёмным ореолом
Струясь по алебастровым плечам.

Последний шаг — и ты передо мною,
Ждёшь, чуть дыша. Взволнованный, родной,
Ты словно слился с вещей тишиною,
Сроднился с бледной, девственной луной.

Как мы с тобой отчаянно искали
Друг друга в мрачных вереницах лиц,
Не веря тем, кто предрекал печали,
Кто намекал на сумрачность гробниц!

Как я мечтала, от тоски немея,
Прижать тебя, усталого, к груди!
Так раз ты здесь, скиталец мой Ромео,
Не всё ль равно, что ждёт нас впереди?

Ведь разве смерть не мизерная плата
За хрупкий шанс, о прошлом не скорбя,
В кипящем море бедствий и разврата
Найдя друг друга, обрести себя?!

И пусть не существует амулета,
Чтоб отвратить судьбы суровой месть,
Не бойся, милый, я — твоя Джульетта,
Прими меня такой, какая есть.

Как небесами посланную милость,
Испив тебя, вдохнув твой жар хмельной,
Я позабуду всё, что не свершилось,
Всё, чем жила до близости с тобой.

И в миг, когда сольются наши души,
И наслажденье пересилит боль,
Нас волны счастья выплеснут на сушу
И смоют с глаз оставшуюся соль.

И мы поймём, что в вечной страсти этой
И скрыт бессмертной юности секрет.
Ты — мой Ромео, я — твоя Джульетта;
Для нас с тобой земных пределов нет.

ЕВА

На тёмном небе, звёздами звеня,
Заря чертила полосу кривую.
Сначала в мире не было меня,
И вдруг я поняла, что существую.

Смахнув остатки дрёмы с сонных век,
Я огляделась. Горлица взлетела,
И на поляну вышел человек,
Пленяя совершенством черт и тела.

Он улыбнулся: «Здравствуй! Я — Адам.»
В ответ я тоже улыбнулась: «Ева...»
Вставало солнце, и летел к ногам
Дождь лепестков с развесистого древа.

На коже трав, как будто золотой,
Блестели капли предрассветной влаги,
И, слившись с этой дикой красотой,
Не знали мы, что молоды и наги.

Но видел нас насквозь коварный змей.
Его слова и взгляды были метки,
И позабыв про строгое: «Не смей!»
Я потянулась к заповедной ветке.

Раздался гром, и был неотвратим
Приказ навек покинуть кущи рая.
С тех пор не дремлет верный Херувим,
Ворота в сад заветный охраняя.

Но, всё равно, благоуханью роз
В таинственном утерянном Эдеме,
Где я не знала ни тревог, ни слёз,
Как робкая наложница в гареме,

Я предпочту пылать в огне страстей,
Знать, что лицо избороздят морщины,
Стонать, производя на свет детей,
И погибать в объятиях мужчины.

А в остальном наш мир, наоборот,
Лишь отраженье девственного сада:
В нём что ни блюдо, то запретный плод,
И не спастись от ухищрений гада.

Золушка

Веселье, смех, потерян счёт часам!..
Вдруг, будто по невидимой подсказке,
Замолкли скрипки, стихли голоса —
Настал момент, когда срывают маски.

Уверенным движением руки
Ты снял свою — и я тебя узнала.
Как мы с тобой нещадно далеки —
Две одиноких жертвы карнавала!

Всегда в кругу партнёров и партнёрш,
Мы в диком танце проносились мимо,
Не замечая, что восторги — ложь,
Забота и участье — пантомима.

И вот, сквозь прах низвергнутых границ,
Горящим, словно в лихорадке, взглядом
Ты ловишь тайны обнажённых лиц —
Ты веришь в сны, ты чувствуешь — я рядом.

Ещё чуть-чуть — и сбудутся мечты...
Но — Боже мой — как луч надежды ломок!
Тебе не отыскать мои черты
В толпе прекрасных юных незнакомок.

За мной неслышно затворилась дверь.
Лишь вспыхнув, навсегда померкли краски.
Жизнь всё за нас решила, и теперь
Я для тебя навек останусь в маске.

Ни дерзость, ни стихов упрямый слог,
Ни полные отчаянья молитвы —
Ничто не в силах выправить итог
Проигранной ещё заране битвы.

Мы — на губах заледеневший крик,
Два чуждых знака в сложном алгоритме...
Но сердце остановится на миг —
И вновь забьётся в сумасшедшем ритме,

Когда, к судьбе взывая горячо,
Ты упадёшь и, стоя на коленях,
Прижмёшь к груди хрустальный башмачок,
Покинутый на мраморных ступенях.

Галатея

Ещё темно, но близится рассвет.
Спят инструменты в сумке из рогожи.
Ты зачарованно следишь, как свет
Играет на моей холодной коже.

Ты голоден, ты бледен, ты устал,
Но бодр твой взгляд, и нет тебе покоя —
Ты в камне воплотить свой идеал
Отважился. Возможно ли такое?!

Мальчишка! Как легко поверил ты,
От безнадёжной страсти изнывая,
В реальность дерзкой, пламенной мечты!
Напрасно, друг мой, я ведь неживая!...

Но не понять ни сердцу, ни уму,
Как ледяная кровь моя вскипела,
Когда ты прикоснулся к моему
Бесчувственному мраморному телу.

И пусть я буду бедной и нагой,
Пусть ждут меня страданья и невзгоды, —
Я враз отдам и вечность, и покой
За хрупкость человеческой природы,

Чтоб, сколько бы столетий ни прошло,
В какие бы ни занесло нас дали,
Даря друг другу нежность и тепло,
Мы день за днём
　　　　　　друг в друга жизнь вдыхали.

ПЕСЕНКА
КОРОЛЕВСКОЙ ФАВОРИТКИ

Мы — девочки-бретёры,
Принцессы без корон.
За нас решает споры
Не острой шпаги звон.
Мы побеждаем вздорно,
Сражая наповал
Изящней, и, бесспорно,
Надёжней, чем металл.

Гвардейцы кардинала,
Бегите наутек —
Наш взгляд один, бывало,
Бил лучше, чем клинок,
А в декольте из кружев
Трепещущая грудь
Верней рапир и ружей
Проложит к цели путь.

Вот веер-паутинка
Убавил жар ланит —
И тает, словно льдинка,
Мужских сердец гранит.
Слегка задралась юбка,
Лишь бриз подул в порту —
И застывает трубка
На полпути ко рту.

Нас приучили с детства
Не драться, не шуметь.
Невинное кокетство —
Вот чем нужней владеть.
Смущённо улыбаться,
Предвидя чувств накал...
Ах, объявили танцы,
Сейчас начнется бал!

— Мадам, вы так прелестны,
Я вами ослеплён.
— Мой сир, мне очень лестно!
(Улыбка и поклон.)
— Мадам, я после бала
Приду к вам в будуар.
— Мой сир, я так мечтала
Принять ваш щедрый дар!

Назначено свиданье —
А это первый шаг.
Минуты ожиданья
Не кончатся никак!
А после — всё в избытке:
И власть, и денег звон.
Девчонки-фаворитки,
Принцессы без корон!

Владей, цари — но всё же
Не вечен сладкий сон:
Красивей и моложе
Звезда взойдет на трон,
И без мольбы и мести
Закончится игра
Опалой и поместьем
Подальше от двора.

Прощайте, честь и слава!
Среди январских стуж
Лишь отпрысков орава
Да рогоносец-муж
Назойливо-устало
Напомнят без прикрас
Про юность, что увяла,
Про пламень, что погас.

Про то, как тайну скрыла
Расшитая вуаль,
Про то, что власть и сила
Разбились, как хрусталь.
Мы были слишком прытки,
Жизнь ставили на кон —
Девчонки-фаворитки,
Принцессы без корон!

*　*　*

Опущен занавес. Оваций
Давно затих безумный шквал,
А мне с театром не расстаться
И не покинуть тёмный зал.

Сюда приходят на премьеру.
Под сенью этих гордых стен
Протанцевала Хабанеру
Неукротимая Кармен.

Здесь угасала Виолетта,
Платочком с губ стирая кровь,
Спасая от презренья света
Свою злосчастную любовь.

Здесь, облачённую в тунику,
Из царства мрака и теней
Навстречу солнцу Эвридику
Вёл зачарованный Орфей.

Здесь напевал распутный герцог
О ложной страсти под луной,
И Риголетто с болью в сердце
Прощался с дочерью родной.

Как в суматохе карнавала,
Легко терялся счёт часам,
А я восторженно внимала
Красивым, сильным голосам.

Я знала каждое либретто.
Моя душа стремилась ввысь.
Все эвридики, виолетты
В меня, безмолвную, слились.

Я не могла не волноваться,
Смеясь и плача с ними в такт,
Пока безумный шквал оваций
Не увенчал последний акт.

* * *

Мне другом быть не каждому дано.
Я в центре всех трагедий и событий.
Моя судьба — льняное полотно,
Хитросплетенье чёрно-белых нитей.

Прогнивший мир давно трещит по швам.
Я с каждым веком делаюсь моложе.
Опять вокруг трубят: «Cherchez la femme!»
Слепцы! Я рядом. Я у них под кожей.

Я в слабые сердца вселяю страх.
То с криком «Одержима!», то «Заразна!»
Меня, как встарь, сжигают на кострах,
Спасая плоть и души от соблазна.

Нисколько не задумавшись о том,
Что сила воли нам дана недаром,
В меня плюют и называют злом,
Ссылаясь на историю с Адамом.

Я, словно губка, впитываю боль.
Сквозь линзы строф все таинства вселенной
Понятны мне. Я не играю роль
И не пекусь о славе непременной.

Из года в год я чествую рассвет,
Плету косу и надеваю платье.
Я — женщина, и в этом, спору нет,
Моя удача и моё проклятье.

* * *

Заря пронзала ночь перстом пророка,
И дом, рассветным маревом укрыт,
Над полем возвышался одиноко,
Уютен и величествен на вид.

На белый алебастр ложились тени.
Вились, плетя над ставнями альков,
Гирлянды экзотических растений,
Бутоны нераскрывшихся цветов.

На крыше золотилась черепица,
Вокруг забора, весело журча,
Бежал ручей. Над ним порхали птицы,
Плыла небес лазурная парча.

И люди, чтоб познать его секреты,
На палисад, искрящийся росой,
Из окон проезжающей кареты
Бросали взгляд — кто дерзкий, кто косой...

А ты не бойся. Подойди поближе.
Прильни губами к мрамору колонн,
И он тебе шепнёт: «Я не обижу,
Я буду вечно охранять твой сон...»

Но за ворота этого фасада,
Туда, где стонут призраки, где тьма,
Прошу тебя, заглядывать не надо,
Чтоб ненароком не сойти с ума.

* * *

Я родилась, когда уже зима
Стучалась в дверь, и вот за четверть века
Два скульптора — Высоцкий и Дюма —
Слепили из ребёнка человека.

Покуда набиралась я ума,
И жгли меня сомненья, как крапива,
Два мудреца — Высоцкий и Дюма —
Меня учили жизни терпеливо.

Порой вокруг царила кутерьма,
Я предавалась буйствам и порокам,
И два судьи — Высоцкий и Дюма —
С небес взирали на меня с упрёком.

Но, если станет тяжела сума,
И если пропасть преградит дорогу,
Мои друзья — Высоцкий и Дюма —
Всё бросят и примчатся на подмогу.

Набив с годами рифмой закрома,
Пишу стихи, и может быть когда-то
Два гения — Высоцкий и Дюма —
Во мне признают своего собрата.

* * *

Мне будет завтра тридцать два —
Рубеж, приметный тем, наверно,
Что я пока ещё жива,
И сердце бьётся равномерно.

Морщин густая паранджа
Ещё не скрыла бархат кожи,
И смерть — всесильная ханжа —
Не приготовила мне ложе.

В душе звучит стремлений звон,
И каждый нерв поёт в экстазе,
Что мой бальзаковский сезон
Всего лишь в изначальной фазе.

Во взгляде пляшет огонёк,
Смеясь над зрелостью степенной,
И рифма — резвый мой конёк —
Меня несёт в простор вселенной,

Где Скорпион — мой брат, мой рок, —
Свой мрачный гений не утратив,
Блестит, всё так же одинок
Среди мерцающих собратьев.

***

Я — Скорпион. За все грехи мои,
Что Бог предвидел — я свершу, — в возмездье
Я родилась в холодный год змеи
Под самым роковым из всех созвездьем.

Сквозил ноябрь. Лил дождь. Земля уже
В предчувствии зимы лежала в коме.
Росла я на четвёртом этаже,
В кирпичном девятиэтажном доме.

И пусть уютен был мой скромный кров
С окном на юг и яблоневым садом,
Из года в год мои душа и кровь
Неумолимо наполнялись ядом.

За ангельской улыбкою подчас
Скрывая жало и шипенья звуки,
Я превращалась в ту, кто я сейчас:
В прелестницу с повадками гадюки.

Люби, блаженствуй, — но не забывай
Через плечо порою оглянуться;
В моих объятьях мирно засыпай,
Не ведая, что можешь не проснуться.

Нет, я не стану причинять вреда,
Таить обиды, мстить врагам отдельным,
Я не разочарую, не предам, —
Укус мой будет быстрым, но смертельным.

Я оставляю скользкие следы,
Мне чужды жалость, люди и законы:
В камнях, лишённых света и воды,
Живут и умирают скорпионы.

Но пусть за годы я вошла во вкус
И свыклась со своей жестокой ролью,
Любой мой выпад, каждый мой укус
В моём же теле отдаётся болью.

И если, оступившись на краю,
Я вдруг пойму, что жизнь мне горло сжала,
Безропотно, сама себя убью
Своим же для врагов смертельным жалом.

* * *

Препятствий нет, и, пусть я не Пегас,
Лечу галопом по полям, как птица,
Оттуда, где вечерний свет погас,
Туда, где солнце всё ещё садится.

Я мчусь с восторгом по родной земле,
Но чувствую, что там, в преддверьи ночи,
В непроницаемой зловещей мгле
Засели те, кто гибель мне пророчит.

Лассо на шее стянут — и конец.
Как ни просись, назад не будет хода:
Дворцов, земель, брильянтовых колец
Им мало, им нужна моя свобода.

Поймают, оседлают, приведут
В хлев с ключевой водой и свежим сеном,
Как будто корм и крыша принесут
Решенье всем моим — и их — проблемам.

И, пленный, но не покорённый зверь,
Измученный напрасным ожиданьем,
Я буду бить копытами о дверь
И отвергать еду свирепым ржаньем.

Но день придёт, и, страхом одержим,
Не справившись с узды железной хваткой,
Я покорюсь тюремщикам своим
И стану кроткой цирковой лошадкой.

Вставать не смея больше на дыбы,
Не в силах отличить, где явь, где брежу,
Вся в бантиках под возгласы толпы
Я побегу кругами по манежу.

Итак, пока есть силы, в табуне
Лети, скачи, живи, пока живётся,
Ведь истина печальна — у коней
Есть шея, а хомут всегда найдётся.

* * *

Сверкает город меркантильный,
Поёт, искрится, как хрусталь,
А мне наряд не нужен стильный —
Не скроешь роскошью печаль.

Шумит народ, сбивая цены,
Блестит разложенный товар,
А я — как зритель перед сценой:
Мне чужд негоциантский жар.

Куда ни глянь — везде в почёте
Дары для быта, для лица.
«А счастье вы не продаёте?»—
Спрошу заезжего купца.

И он ответит откровенно,
Не скрыв насмешливый оскал:
«Когда бы было, я бы, верно,
Его берёг, не продавал!»

Я больше не скажу ни слова
И вдаль уйду, ускорив шаг.
К чему мне сласти и обнова?
От них мир ломится и так.

Сверкает город меркантильный,
Лишь то, чем с детства бредит свет,
Мы, люди, отыскать бессильны:
На рынке жизни счастья нет.

Судьба

Мне досталась судьба пилигрима,
Незавидная, злая судьба:
Подставлять иглам ветра незримым
Кожу некогда гладкого лба.

Сбиты в кровь необутые стопы,
А тропинка уткнулась в закат,
И сплелись надо мной гороскопы,
Перерезав дорогу назад.

Мне б родиться в дворцовых палатах,
Где, страстей мимолётных раба,
Я б не знала о горьких утратах.
Но — судьба, понимаешь? Судьба!

Эта нимфа с улыбкой Ехидны
Не вступает в бессмысленный спор,
Оттого не всегда очевидна
Быль, похожая на приговор.

Путь мой лучше, чем доля паяца,
Чем тюремщика взгляд ледяной,
Чем всю жизнь раболепно бояться
Встречи с истинным, жалким собой.

Время движется неумолимо,
И ни дня не прожить без борьбы.
Мне досталась судьба пилигрима.
Нет на свете прекрасней судьбы.

У жизни смысла нет, я знаю точно.
У жизни есть конец, и есть начало,
А в середине — скомканные фразы,
Запутанные нити отношений,
Неряшливо растраченные чувства,
Расплывчатые, как в тумане, лица
И редкие, как звёзды, вспышки счастья
На неизменно мрачном небосклоне,
Ведь человек — песчинка во вселенной —
Ничто в сравненьи с тем, что безгранично.
Вот, например, на муравья наступишь —
И труженика словно не бывало,
А те, кто рядом с жертвой копошился,
Делил с ним пищу и таскал травинки,
Лишь разбегутся от беды подальше,
А то и вовсе просто не заметят;
И если кто всплакнёт по бедолаге,
Собратья вряд ли обратят вниманье,
Ведь даже если он всегда старался
Себе потяжелее выбрать ношу,
Вставал с зарёй и засыпал с закатом
И честно жил на пользу коллектива —
Кому какое дело до бедняги,
Который был одним из миллиона.
И я уже не льщу себя надеждой,
Что чем-то — взглядом, действием, стихами —
Смогу преобразить свой муравейник,
Ведь я — одна из сотни миллионов.

Хотя, возможно, я ещё ребёнок —
Наивный и беспечный до смешного —
Раз до сих пор не потеряла веру
В путь, что пролёг на запад от востока,
В маршрут, что мне судьбою предназначен,
Во вспышки, что случаются так редко
И наполняют дух и тело силой
Необходимой, чтобы не сдаваться;
Раз до сих пор мне кажется, что в полночь,
Когда настанет мой черёд исчезнуть,
Я устремлю потухший взгляд на небо
И, ожиданьям вопреки, увижу
Усыпанное звёздами пространство...

Бессонница

Я устала. Моя бессонница
Длится сутки, года, столетия.
Как покинутая любовница
Жаждет умерших чувств бессмертия,

Так и эта — с горячим норовом,
От такой нелегко избавиться:
На заре говорит: «До скорого!»
На закате опять объявится.

Но не сна всё прошу у Бога я,
Удивляясь своей же странности,
А чтоб рифма моя убогая
Засверкала от многогранности.

Кто сказал, что стихи не пишутся,
Если мысли парят в прострации?
Мне ночами свободней дышится,
Ночью ярче ассоциации.

Вечной боли своей невольница,
Я в желанье одном уверена:
Пусть продлится моя бессонница
Столько, сколько мне жить отмерено.

* * *

Опять вокруг глухой, неясный шум —
Не то гроза, не то стучат колёса,
Не то терзают песню безголосо.
И снова строки просятся на ум.

Они не о любви, не о весне.
Они о счастье, что проходит мимо,
О горькой доле, что неотвратима,
О встречах, что возможны лишь во сне.

Опять на мне сошёлся клином свет.
Мне чудится, что в самой страшной боли,
Известной и немыслимой крамоле,
Виновна я, и мне прощенья нет...

* * *

Накрывшись одеялом с головой,
Я возвращаюсь к наболевшей теме:
Что если весь огромный шар земной —
Лишь микроорганизм в иной системе?

Что если там, за гранью тишины,
Не знают ни дождей, ни гроз, ни ветра,
А путь от космодрома до луны
В реальности короче нанометра?

Вдруг всё, что миллионы лет подряд
Нам вдохновенно толковали в школе,
На самом деле — только чей-то взгляд,
Теория, гипотеза — не боле?

Печальна суть, что следует из строк
Таинственных космических законов:
Душа — не что иное, как комок
Переплетённых клеток и нейронов.

И если умирает человек,
Убита безысходностью и страхом,
Она ложится рядышком на снег
Невидимым заледеневшим прахом.

И, может, в миг, когда взревёт огонь,
Когда секунды станут месяцами,
Меня возьмут, посадят на ладонь
И к микроскопу поднесут щипцами.

Потом, не разглядев, что я жива,
Что я полна решимости и веры,
Меня смахнут пылинкой с рукава,
И я исчезну в бликах стратосферы.

Сон

Мне всю ночь снились странные сны.
Безобразные, будто с похмелья...
Бледный луч равнодушной луны
Проникал через своды ущелья.

По углам полыхали костры,
Словно детища дикой Химеры.
Языки их зловещей игры
Извивались на стенах пещеры.

Их сиянье слепило, и вдруг
То ли демоны, то ли вампиры
В страшной пляске столпились вокруг,
Возвещая открытие пира.

Я увидела, падая ниц, —
Это твари без пола, без расы,
С пустотой в чёрных дуплах глазниц,
И черты исказившей гримасой.

Я пыталась начать разговор,
Чтоб мольбами свободы добиться,
Но почувствовала приговор
В хищных непроницаемых лицах:

Их вожак предназначил меня
В жертву их кровожадному богу.
Я рыдаю, свой жребий кляня,
И кричу, скрыть не в силах тревогу.

Ржавый, в алых подтёках, клинок —
Символ их смертоносных объятий —
Занесён... Но безумный рывок —
И я дома, на мягкой кровати.

Тишина. Полумрак. Я одна.
Ни огней, ни чудовищ не видно.
В тёмном небе застыла луна,
Далека и вполне безобидна.

Я ложусь, и под песнь комара,
Монотонную, как заклинанье,
Засыпаю сном жертвы, вчера
Избежавшей — на время — закланья.

* * *

Я пытаюсь дожить до утра.
Жарок, тесен мой склеп-одеяло.
То ли смерть, то ли просто хандра
Горло тонкими пальцами сжала.

Складки пыльной материи штор
Пропитались насквозь лунным светом,
И не ясно, где буйствует шторм —
На том свете, а может, на этом?

Тишина режет слух, словно крик —
Вопль души, что от мрака ослепла,
И вода обжигает язык
То ли привкусом слёз, то ли пепла.

Мысли-демоны кружат во тьме,
Словно грифы, почуяв добычу,
Предвкушая, как грудь сдавят мне —
И я сдамся, поникну, захнычу,

Как пока ещё ясный мой взгляд
Станет взором затравленной лани.
Я лежу, ощущая их яд, —
На краю, на пределе, на грани.

Ногти впились в ладонь, но обет
Дан — держаться, терпеть, что есть мочи,
Чтоб, безропотно встретив рассвет,
Сил набраться для будущей ночи.

* * *

Мне приснились стихи — совершенство метафор и ритма,
Что ни слово — то истина, мыслей и чувств нагота.
Многозвучие строф окаймляла скользящая рифма.
Мне приснились стихи — ведь за ними таится мечта.

Мне приснилось, как небо ночное пронзила комета,
Озарив на мгновенье хрустальную звёздную высь.
Мне приснилась весна, потому что за ней будет лето.
Мне приснилась любовь — ведь с неё начинается жизнь.

Мне приснилось, как юная девушка в ситцевом платье
На свиданье спеша, бойко прыгает через ступень,
И её бесполезно журить и хватать за запястье.
Мне приснилась заря, потому что вот-вот вспыхнет день.

Мне приснилось лицо — сочетание красок и линий,
Словно мастер себя превзошёл, все оттенки смешав.
На висках голубел под ладонью не тающий иней.
Мне приснились глаза — ведь за ними трепещет душа.

Мне приснилось, что я — и рабыня себе, и царица —
Жду грядущих чудес и ни в чём никого не виню,
А когда я проснусь и волшебный туман растворится,
Клочья сна, мотыльками вспорхнув, устремятся к огню.

Романс

Темнота — звёздной ночи поклонница —
Обняла, успокоила дом,
А меня посетила бессонница
В незабвенном обличье твоём.

К изголовью склонилась, незваная,
Обожгла мягкой прядью лицо,
И вокруг тишина первозданная
Зазвенела, как хор бубенцов.

С виду, вроде, невинная скромница,
А в глазах — неприкрытая страсть!
Погоди, не прощайся, бессонница,
Я готов до рассвета не спать.

Мне не важно, как долго на свете я,
Вспоминая тебя, проживу —
Превращает минуты в столетия
Этот сладостный сон наяву.

Пусть ты мне не жена, не любовница,
Нашу близость нельзя отрицать.
Ты пронзила мне сердце, бессонница,
И оно стало громче стучать.

То печальные нити, то светлые
Жизнь вплетает в судьбы полотно,
И, лелея мечту беззаветную,
Я безропотно верю в одно:

Наши годы промчатся, но вспомнится,
Растревожив уснувший мой дом,
Как меня посетила бессонница
В незабвенном обличье твоём.

* * *

Кем я была? Что делала во сне —
В том самом, что пришёл к тебе под утро?
Скакала амазонкой на коне?
Сияла в небе каплей перламутра?

Пронзала птицей клочья облаков?
Брела, уткнувшись подбородком в посох?
На гибель обрекала моряков,
Не разглядевших змей в девичьих косах?

От пылких ласк на шёлке простыней
Металась — ненасытная, нагая?
Молилась о спасеньи всех людей,
Больным и одиноким помогая?

Любила жизнь? Страдала от тоски?
Смеялась? Пела? Сочиняла оды?
Сжимала нервно пальцами виски?
Вела вперёд на подвиги народы?

Мечтала, нанося на лист штрихи?
Ловила снег? Ныряла в море летом?
Заглядывала в спальни — и стихи
Нашёптывала по ночам поэтам?

Ты не ответишь, в мысли погружён.
Потом, подняв глаза, прошепчешь: «Всё же
Что предвещает этот странный сон —
Такой, что от него мороз по коже?»

И я тебе признаюсь, не совру:
По мне самой не ведомым причинам,
Я в снах являюсь людям не к добру.
Особенно когда я снюсь мужчинам.

Душа и тело

В какой момент рождается душа?
В тот миг, когда рождаемся мы сами?
Когда стихи бессонными ночами
Бьют родником под скрип карандаша?

Моя душа совсем не помнит дня,
Когда рожденьем воскресила тело;
Она лишь знает, как оно болело,
Как замерзало без её огня.

И эта дружба тела и души —
Мгновения и вечности слиянье —
Наполнила бесцветный мир сияньем,
Затрепетала музыкой в глуши.

Довольно было телу доли той,
Зато душе всего казалось мало —
И вот она замешкалась, отстала,
Гоняясь за несбыточной мечтой.

Очнувшись от внезапной тишины,
Взмолилось тело: «Догоняй! Скорее!»
Но ведь душа взрослеет, не старея,
Не зная ни морщин, ни седины.

Она парит, свободна и юна —
Не властно время над её полётом,
Не то, что тело — с каждым поворотом
Всё глуше пульс, всё сгорбленней спина...

Им предстоит теперь отдельный путь.
Сводить их вновь — занятие пустое,
И мысль одна мне не даёт покоя,
Мешая всё отбросить и заснуть:

А может, к счастью ключ совсем не там,
Где испокон веков искали люди?
Жизнь преподносит нам его на блюде,
А мы, слепцы, глядим по сторонам,

Не ведая, что дописать, допеть,
Не покорясь преградам и пределам,
Пока душа шагает в ногу с телом —
И есть разгадка. Главное — успеть.

Ветви словно потупили взоры.
До апреля застыл водоём.
Иней ловко ваяет узоры
На нетопленном сердце моём.

Облака перламутровым тюлем
Прячут синего неба края —
Но не так, как бывает в июле,
И не так, как хотела бы я.

Тише звуки, плавнее изгибы,
Реже мысли, бледнее тона...
Оглянуться б на снежные глыбы —
И умчаться туда, где весна!..

Февраль

Который день свирепствует февраль,
И не пройти по улице ни шага.
Дома накрыла белая вуаль,
На тонких стёклах обернувшись влагой.

А я сижу на кухне у окна,
С улыбкой наблюдая это чудо.
Сегодня не покажется луна,
Но я об этом горевать не буду.

Пусть заметает город, чтоб никто
Не потревожил мой покой минутный.
Я в шкаф повешу зимнее пальто
И выпью чай, слегка от мёда мутный.

Я буду молча слушать тишину,
Вникать душой в её повествованье.
Быть может, трону пальцами струну,
А может просто затаю дыханье.

Я плохо знаю жизнь, но мне ясна
Причина для метелей, бьющих в спину:
Как только в этот мир придёт весна,
Покой и тишина его покинут.

Я мимолётно посмотрю им вслед
Без грусти, сожаления и торга,
До новых стуж храня, как амулет,
Немного чисто зимнего восторга.

* * *

Если завтра опять снегопад
Город сделает снежной равниной,
Я надену махровый халат
И котёнком свернусь у камина.

Будет пламя метаться у ног,
В зеркалах затуманенных окон.
Ни шаги, ни случайный звонок
Не пронзят мой невидимый кокон.

Я застыну вдали от стихий,
Обнимая руками колени...
И напишутся сами стихи
Под январскую песню поленьев.

Бумажный лист

Опять передо мной бумажный лист,
Не испещрённый до сих пор словами,
И я, неугомонный куплетист,
Пью белизну усталыми глазами.

Застыла в пальцах ручка, мысль молчит,
И сердце бьётся глухо, равномерно.
В подобный штиль не подобрать ключи
К тому, что мудро и закономерно.

Дождливый день размыл ночной туман,
Весна никак прогнать не может зиму,
А я, как беззаботный мальчуган,
Хочу бежать, меся ногами глину.

Чтоб джинсы потемнели до колен,
След исчезал в грязи под талым снегом,
И вихрь в лицо — я всё отдам взамен,
Чтоб насладиться этим диким бегом.

Бумажный лист... Смешна его цена,
Когда на нём ни кляксы, ни слезинки.
Его судьба предопределена:
Собрать стихи по капле, по песчинке.

Пусть всё, что приготовил этот век,
Придёт ко мне — и я приму, не струшу,
Коль этих строк неутомимый бег
Разговорит мою немую душу.

ВЕСНА

Покой домов и сумрачность квартир
Не в силах бесконечно править нами:
Весна вот-вот ворвётся в сонный мир
С победоносной дерзостью цунами.

Лавиной звёзд с немыслимых высот
Она слетит на землю, и в награду
Гирлянды туч уступят небосвод
Параболам росой омытых радуг.

Дворцы из снега, как папье-маше,
Рассыплются под солнцем от бессилья,
И ангел, что дремал в моей душе,
Вдруг улыбнётся и расправит крылья.

* * *

Снежинки падали в апреле.
Казалось, вновь пришёл январь.
Мы ожидали птичьи трели,
Цветной, весенний инвентарь,

Но чья-то маленькая шалость,
Лукавый, беззаботный взгляд —
И всё вокруг перемешалось,
И хлопья снежные летят...

Резной зелёной бахромой
Кивает ясень.
Бывает жизни смысл порой
Предельно ясен.

Сижу под деревом в тени.
Весна в разгаре.
Смотрю на облака — они
В цветном загаре.

Так свеж и праздничен небес
Лоскут атласный,
Что, кажется, и без чудес
Мне всё подвластно.

И сердце замирает аж
От сладкой тяги.
Но под рукой есть карандаш
И лист бумаги.

И я пишу о майском дне,
Что так прекрасен,
О смысле жизни, что стал мне
Сегодня ясен...

* * *

Я целый день без отдыха кружила.
Бывает и такое — ну и пусть.
Так отчего же разлилась по жилам
Невесть откуда взявшаяся грусть?

Мне грустно, что так холодно в июне;
Что ночь, а дети всё ещё не спят;
Что жизнь всё реже дарит полнолунье
И твой влюблённый беззаботный взгляд;

Что время нас нещадно хлещет плетью,
Вгоняя каждого в свою межу;
Что ни тому, ни этому столетью
Я, как ни странно, не принадлежу;

Что под рукой ни ручки, ни бумаги
В тот миг, когда рождается строфа;
Что, как я ни стараюсь, мне, бедняге,
Взять чисто не дано ни до, ни фа;

Что с каждым днём всё ярче блеск осенний;
Что сбудется не всё, о чём прошу;
И что от этих дум моё спасенье
Лишь в том, что я пока ещё пишу.

* * *

Промчалась со скоростью света,
Блеснув, как на солнце алмаз,
Эпоха великих поэтов
И скромно потупленных глаз.

Прочтёшь сокровенные строки —
И снова ни звука в ответ.
Как жаль, что мы так одиноки.
Что стал коммерсантом поэт...

А я всё иду по аллее
Из прошлого в будущий век,
И небо всё так же алеет,
И падает под ноги снег,

И мысли сплетаются в строфы,
И снятся безумные сны
Про путь от зари до Голгофы,
Про недолговечность весны.

* * *

Не надо обижаться на родных.
Когда нам больно, им больней стократно.
Ни резких фраз, ни взглядов ледяных
Не вычеркнуть, не вымолить обратно.

Прощайте им всё то, что вы себе
Простили бы, обдумав положенье.
В нечаянной, бессмысленной борьбе
Победа вряд ли слаще пораженья.

Не надо обижать своих родных,
Пусть даже есть, на первый взгляд, причина.
Как часто мы жестоко раним их,
Когда не стоит выделки овчина!

Как жаль, что близких мы не бережём!
Не отдавая в том себе отчёта,
Бросаем их под проливным дождём,
А незнакомцев балуем заботой.

Мы понимаем, только став взрослей,
Упущенное в юности из виду:
Чем ближе человек нам и родней,
Тем тяжелей перенести обиду.

Бывают споры, разногласья — что ж!
Пускай улыбки будут нам наградой.
Лишь подлость, лицемерие и ложь
Прощать — к тому же забывать — не надо.

Новый год

Новый Год... Мы торопим минуты,
Чтоб скорей началось торжество.
Лет прошедших незримые путы
Не затмили его волшебство.

Мы весёлого Деда Мороза
Разгадали нехитрый секрет,
Но искрящейся радости доза
Не теряет свой прежний эффект.

Так пускай наши дети поверят
В старичка с ярко-красным мешком,
Что стучится в замёрзшие двери,
По сугробам шагая пешком.

Пусть они соберутся в прихожей,
Предвкушая подарки и смех.
Как же это мгновенье похоже
На иное, где я — младше всех!

Новый Год... Первый шаг для кого-то,
Эпилог и рубеж — для других.
Для меня же начало отсчёта —
Это каждый законченный стих.

Я на деле себе доказала
Относительность чисел и дат,
Сотни раз начиная сначала,
Не страшась календарных преград.

Рифма — дней суетливых оправа —
Для того прячет столько тепла,
Чтоб эмоций бурлящая лава
Неустанно по жилам текла,

Чтобы всё было ярко и ново,
Чтоб рукам покорялся штурвал,
Чтобы в яблочко — каждое слово,
Каждый взгляд чтоб сражал наповал...

Я грядущего свежую дольку
Поприветствую, выпив до дна.
Новый Год — это праздник, поскольку
Я встречаю его не одна.

* * *

Что в этой жизни только ни случается!
А ты себе скажи: «Не вешать нос!»
И ни на миг не дай себе отчаяться,
Не дай надежде рухнуть под откос.

Пусть на пути препятствия встречаются,
Пусть сжали сердце холод, боль и страх —
Всё хорошо, что хорошо кончается.
Ты только верь, что всё в твоих руках.

Что б ни стряслось — постыдное предательство,
Болезнь, жестокий проигрыш в борьбе —
Не покорись враждебным обстоятельствам.
Не задохнись от жалости к себе.

Взови к надежде, как взываю к Музе я,
Пытаясь вновь воскреснуть из руин.
В конечном счёте, слабость — лишь иллюзия.
Ты сам себе судья и господин.

Удар судьбы — не повод долго маяться.
Неверный шаг — ещё не полный крах.
Ты только не давай себе отчаяться
И свято верь, что всё в твоих руках.

Содержание

www.ingramcontent.com/pod-product-compliance
Lightning Source LLC
Chambersburg PA
CBHW062007040426
42447CB00010B/1957